Pe. Ferdinando Mancilio, C.Ss.R.

SINAIS DO CÉU

BATISMO, EUCARISTIA, CONFIRMAÇÃO

EDITORA SANTUÁRIO

DIREÇÃO EDITORIAL:
Pe. Fábio Evaristo Resende Silva, C.Ss.R.

COORDENAÇÃO EDITORIAL:
Ana Lúcia de Castro Leite

COPIDESQUE:
Ana Lúcia de Castro Leite

REVISÃO:
Luana Galvão
Manuela Ruybal

ILUSTRAÇÕES E CAPA:
Reynaldo Silva

DIAGRAMAÇÃO:
Bruno Olivoto

ISBN 978-85-369-0402-3

1ª impressão

Todos os direitos reservados à **EDITORA SANTUÁRIO** – 2015

 Composição, CTcP, impressão e acabamento:
EDITORA SANTUÁRIO - Rua Padre Claro Monteiro, 342
12570-000 - Aparecida-SP - Fone: (12) 3104-2000

APRESENTAÇÃO

A Editora Santuário, cumprindo sua missão catequética e evangelizadora, coloca ao alcance dos pais, catequistas e das Comunidades a Coleção **Sementinhas de fé**. O projeto quer ser um subsídio que complemente e dinamize o processo catequético, oferecendo os principais elementos da fé cristã numa linguagem simples e adequada à idade das crianças, que estão sendo iniciadas em sua vida de fé.

Os livros foram concebidos para serem bastante interativos, com ilustrações e tarefas que despertam o interesse da criança em explorar e conhecer os conteúdos que serão aprofundados na catequese. Portanto, os livros podem ser usados tanto no contexto da catequese formal, oferecida pelas Comunidades, como também pelos pais, pastorais e grupos que trabalham com crianças.

Há desenhos intencionalmente preparados para a criança colorir conforme sua percepção. É bom deixá-la colorir conforme seu desejo. Melhor o adulto não interferir, mas sim dar uma palavra de incentivo. Os catequistas ou os pais poderão ajudar a criança a penetrar cada página, mas jamais subtrair sua reflexão. Quando a criança fizer uma pergunta, essa jamais poderá deixar de ser respondida, e é bom lembrar que a resposta não deve ser além de sua pergunta.

Neste quinto volume, intitulado **Sinais do Céu: Batismo – Eucaristia – Confirmação**, queremos ajudar a criança a despertar para os sacramentos da Iniciação Cristã, para que, quando estiver na Catequese propriamente, consiga ter uma visão maior desses sacramentos, podendo, assim, ir firmando sua fé.

Desse modo, esperamos colaborar com a formação humana e cristã das crianças, ajudando os pais e catequistas a ter em mãos um material que os auxilie nesse compromisso de fé.

Tudo o que for feito para ajudar as pessoas, a começar pelas crianças, seja para a glória de Deus e de seu Filho Jesus Cristo. Assim seja.

Pe. Ferdinando Mancilio, C.Ss.R.

SÃO INCONTÁVEIS AS ESTRELAS DO CÉU! SÃO INCONTÁVEIS OS GRÃOS DE AREIA QUE EXISTEM NO MAR! É IMPOSSÍVEL MEDIR O TAMANHO DO AMOR DE DEUS POR MIM E POR VOCÊ!

SABE QUAL É O MAIOR SINAL
DE DEUS PARA NÓS?
AH! AGORA VOCÊ VAI SABER:
É JESUS!
ELE NASCEU DE NOSSA SENHORA LÁ
EM BELÉM, VIVEU EM NAZARÉ
E PREGOU O EVANGELHO EM
MUITOS LUGARES DA TERRA.

O QUE ELE FEZ?

Ah! Ele nos ensinou muitas coisas boas, bonitas. Ele nos ensinou a andar no caminho que nos leva ao céu. Você quer ir para o céu? Então faça o que Jesus nos ensinou:

AMAR
PERDOAR
QUERER BEM
PRATICAR A BONDADE
VIVER UNIDO COM OS OUTROS.

HÁ MUITAS OUTRAS COISAS QUE JESUS NOS ENSINOU...

JESUS NOS ENSINOU A AMAR MUITO NOSSA FAMÍLIA. POR ISSO VOCÊ GOSTA MUITO DE SEU PAPAI, DE SUA MAMÃE E DE SEUS IRMÃOZINHOS OU COLEGUINHAS. É PORQUE VOCÊ ESTÁ FAZENDO AS COISAS QUE JESUS ENSINOU.

VAMOS REZAR

Jesus, eu estou muito feliz, porque o Senhor veio morar no meio de nós e nos ensinou muitas coisas bonitas, que nos levam para o céu. Eu quero escutar todos os dias o que o Senhor nos ensinou. Papai e mamãe me ajudam e me falam todos os dias das coisas bonitas que o Senhor nos ensinou. Também gosto de brincar, de estudar, de ver televisão... Mas não me esqueço do Senhor e de seu amor tão bonito. Amém.

VOCÊ SABIA QUE JESUS CHAMOU OS DOZE APÓSTOLOS PARA SEREM SEUS PRIMEIROS COMPANHEIROS DE MISSÃO?
E O NOME DE CADA UM DELES ERA:

PEDRO

TIAGO "MAIOR"

SIMÃO

FILIPE

Somente esses doze? Esses foram os primeiros que Jesus chamou, mas depois chamou muitos outros.
Nós também somos chamados a ser discípulos e apóstolos de Jesus, ou seja, APRENDER de Jesus e DIZER para o mundo inteiro o que Jesus nos ensinou.
Por isso, agora, você vai aprender um pouquinho mais sobre o BATISMO, a EUCARISTIA e a CONFIRMAÇÃO! Assim você poderá ser também discípulo de Jesus.

Isso mesmo: Vamos aprender um pouquinho o que é o BATISMO, a EUCARISTIA e a CONFIRMAÇÃO!

Mas antes vamos...

Aprender e guardar no coração:

1. Jesus chamou primeiro os _____ que o seguiram!
2. Temos de fazer sempre o que Jesus nos mandou: _____ e _____!
3. Quem ama brilha como uma _____ no céu!
4. Papai e mamãe me ensinam as coisas _____ que Jesus nos ensinou!
5. Jesus nos ensinou que o _____ do céu é muito _____ para todos nós!

(1. DISCÍPULOS – 2. AMAR E PERDOAR – 3. ESTRELA – 4. BONITAS – 5. PAI – MISERICORDIOSO)

ENTÃO VAMOS COMEÇAR A CONVERSAR SOBRE:

O BATISMO
A EUCARISTIA
A CONFIRMAÇÃO

ELES SÃO SINAIS DO CÉU PARA TODOS NÓS. SINAIS DO AMOR DO PAI DO CÉU, QUE JESUS NOS MOSTROU E NOS ENSINOU!

O BATISMO

Um dia, eu e você
fomos batizados.
Foi uma festa muito bonita.
Todos estavam muito contentes.
Quando vamos ao encontro
de Deus, tudo se torna
muito bonito mesmo.
O batismo foi deixado por Jesus
para nossa salvação.
Salvar-se é viver com Deus,
é viver no amor dele e ter
amor no coração.

O PADRE PERGUNTA QUAL É O NOME DA CRIANÇA.
E OS PAIS RESPONDEM:

O NOME DA CRIANÇA É: _____
(ESCREVA O NOME)

SABE POR QUÊ?
PORQUE DEUS NÃO CHAMA A GENTE DE QUALQUER JEITO, ASSIM COMO NÃO PODEMOS CHAMAR AS PESSOAS DE QUALQUER JEITO.
DEUS NOS CHAMA PELO NOME!
POR ISSO, NA HORA DO BATISMO, É IMPORTANTE DIZER O NOME DA CRIANÇA QUE VAI SER BATIZADA.

EU ME CHAMO FABIANA.
EU ME CHAMO CARLOS.
EU ME CHAMO ESTEFANI.
EU ME CHAMO ADRIANA.

Nós somos PESSOAS. DEUS nos fez PESSOAS HUMANAS. Por isso temos um NOME e pelo BATISMO nos tornamos filho ou filha de Deus verdadeiro. O Batismo nos faz ser Igreja de Jesus.

Eu me chamo: _____

Eu fui batizado(a) no dia: _____/_____/_____

Meus padrinhos foram: _____ / _____

Quem me batizou foi o Pe. _____

VAMOS REZAR

JESUS, EU AMO MUITO O SENHOR. O SENHOR ME DEU A VIDA. UM DIA EU FUI BATIZADO(A) E MEUS COLEGUINHAS E IRMÃOZINHOS TAMBÉM. EU QUERO VIVER COM ALEGRIA MEU BATISMO. ESPERO QUE O SENHOR ME AJUDE A VIVER E CUMPRIR COM ALEGRIA TUDO O QUE RECEBI EM MEU BATISMO. AJUDE-ME, JESUS! AMÉM!

VAMOS APRENDER E GUARDAR NO CORAÇÃO:

1. O BATISMO É O _____ SACRAMENTO QUE RECEBEMOS NA VIDA!
2. DEUS NOS CHAMA SEMPRE PELO _____, QUE UM DIA RECEBEMOS NO BATISMO!
3. FOI JESUS QUEM _____ E _____ SOBRE O SACRAMENTO DO BATISMO!
4. JESUS QUER QUE NÓS VIVAMOS SEMPRE NA _____!

O BATISMO ME FAZ SER FILHO(A) DE DEUS. ELE PLANTOU EM MEU CORAÇÃO SEU AMOR! SEMPRE VOU ME LEMBRAR DE QUE SOU BATIZADO(A) E VOU VIVER COM ALEGRIA MEU AMOR A JESUS!

(1. PRIMEIRO – 2. NOME – 3. FALOU – ENSINOU – 4. COMUNIDADE)

A EUCARISTIA

Jesus viveu no meio de nós, mas chegou o dia em que Ele subiu ao céu, porque estava ressuscitado. Mas Ele não nos deixou sozinhos, pois nos mandou o Espírito Santo para nos iluminar e também deixou para nós a Eucaristia.

O QUE É A EUCARISTIA?

É A PRESENÇA DE JESUS NO PÃO CONSAGRADO. QUANDO O PADRE REZA A MISSA, ELE CONSAGRA O PÃO DO ALTAR, E TODOS NÓS, CRIANÇAS QUE JÁ FIZEMOS A PRIMEIRA COMUNHÃO E OS ADULTOS, PODEMOS COMUNGAR. O PADRE FAZ A MESMA COISA QUE JESUS FEZ AQUELE DIA EM QUE ELE REZOU COM OS DISCÍPULOS E OS MANDOU FAZER A MESMA COISA PELO MUNDO AFORA. ERA A QUINTA-FEIRA SANTA, PORQUE FOI NESSE DIA QUE JESUS FALOU QUE O PÃO ERA O CORPO DELE E O VINHO ERA O SANGUE DELE!

VIU COMO É BONITA A MISSA? ELA FOI O GRANDE PRESENTE QUE JESUS DEIXOU PARA MIM, PARA VOCÊ, PARA TODO O MUNDO.
QUANDO CHEGAR A HORA CERTA, VOCÊ VAI PARTICIPAR DA CATEQUESE, APRENDER MUITAS OUTRAS COISAS BONITAS DE JESUS E VAI CHEGAR O MOMENTO DE VOCÊ RECEBER A EUCARISTIA, QUE É A PRESENÇA DE JESUS NO PÃO DO ALTAR.

LEMBRE-SE:

A EUCARISTIA FOI O JEITO QUE JESUS ARRUMOU PARA FICAR BEM PERTINHO DE NÓS, EM NOSSO CORAÇÃO! E QUANDO VOU À MISSA EU ESTOU FAZENDO O QUE JESUS ME MANDOU FAZER. QUEM RECEBE JESUS NA EUCARISTIA VIVE FELIZ, POIS JESUS VEM MORAR EM NOSSA VIDA.

VAMOS REZAR

Jesus, eu gosto muito do Senhor e lhe agradeço, porque o Senhor é meu grande amigo. O Senhor fez tantas coisas boas e bonitas e ainda quis ficar bem pertinho de mim, por meio da Eucaristia. Eu vou amar e respeitar sempre a Eucaristia, porque eu sei que o Senhor está vivo e presente no Pão do altar. Obrigado(a), Jesus, por seu amor. Amém!

AINDA PRECISAMOS CONVERSAR SOBRE A CONFIRMAÇÃO OU CRISMA

Jesus não quer nos abandonar, deixar-nos sozinhos, nem a mim, nem a você, nem a seus pais, nem a seus irmãozinhos. Ele é nosso Amigo de verdade. Quando somos amigos de verdade, queremos ficar bem pertinho de quem nós gostamos.

*De quem você mais gosta nesta vida?
Temos de gostar sempre das pessoas.
Cada pessoa é importante para nós.
Cada pessoa é IMAGEM e
SEMELHANÇA de Deus.*

JESUS É NOSSO AMIGO!

DESDE QUANDO NASCEMOS E FOMOS BATIZADOS, ELE ESTÁ SEMPRE MUITO PERTINHO DE NÓS. ELE NOS PROTEGE E NOS AJUDA EM TUDO O QUE NÓS FAZEMOS DE BEM E DE BOM.

O sacramento da CONFIRMAÇÃO é o meu SIM para Jesus, quando eu for jovem. Aí eu vou dizer que é impossível viver sem Jesus. Então eu dou meu sim para Ele.

Na hora certa, quando chegar o momento certo, você vai fazer a Catequese da Confirmação e assim se preparar para receber esse sacramento. Quando você for jovem o receberá!

No dia em que receber esse sacramento, o bispo vai UNGI-LO (LA) – passar os Santos Óleos do Crisma – e dizer: "Recebei o Espírito Santo!" Como esse momento é bonito! Você vai guardar esse momento para sempre em seu coração!

Nele você será CONFIRMADO(A) no amor, na fé e na vida de Comunidade, e viverá feliz.

Deus espera e deseja que sejamos felizes! Por isso não vamos viver sozinhos, mas juntos de nossa família, com os outros, com a Comunidade!

O Espírito Santo, que recebemos no sacramento da Confirmação, é a Terceira Pessoa da Santíssima Trindade.

Reze agora em seu coração:

Ó Espírito Santo, vem iluminar minha vida, do papai e da mamãe e de meus irmãozinhos e coleguinhas. Eu quero que todos eles sejam felizes. Eu sei que eles serão felizes se viverem no amor. Por isso, vem morar em meu coração e no meio de minha família. Amém!

SAIBA QUE, DE TODOS OS SINAIS DE DEUS PARA NÓS, A PESSOA É O SINAL MAIS BONITO QUE EXISTE! O PAI DO CÉU NOS FEZ COM MUITO AMOR, PARA QUE PUDÉSSEMOS AMAR E SER FELIZES PARA SEMPRE!